BEI GRIN MACHT SICH IHR WISSEN BEZAHLT

- Wir veröffentlichen Ihre Hausarbeit, Bachelor- und Masterarbeit

- Ihr eigenes eBook und Buch - weltweit in allen wichtigen Shops

- Verdienen Sie an jedem Verkauf

Jetzt bei www.GRIN.com hochladen und kostenlos publizieren

Bibliografische Information der Deutschen Nationalbibliothek:

Die Deutsche Bibliothek verzeichnet diese Publikation in der Deutschen Nationalbibliografie; detaillierte bibliografische Daten sind im Internet über http://dnb.d-nb.de/ abrufbar.

Dieses Werk sowie alle darin enthaltenen einzelnen Beiträge und Abbildungen sind urheberrechtlich geschützt. Jede Verwertung, die nicht ausdrücklich vom Urheberrechtsschutz zugelassen ist, bedarf der vorherigen Zustimmung des Verlages. Das gilt insbesondere für Vervielfältigungen, Bearbeitungen, Übersetzungen, Mikroverfilmungen, Auswertungen durch Datenbanken und für die Einspeicherung und Verarbeitung in elektronische Systeme. Alle Rechte, auch die des auszugsweisen Nachdrucks, der fotomechanischen Wiedergabe (einschließlich Mikrokopie) sowie der Auswertung durch Datenbanken oder ähnliche Einrichtungen, vorbehalten.

Impressum:

Copyright © 2014 GRIN Verlag, Open Publishing GmbH
Druck und Bindung: Books on Demand GmbH, Norderstedt Germany
ISBN: 9783668222977

Dieses Buch bei GRIN:

http://www.grin.com/de/e-book/323105/standortanalyse-zeitarbeit-ist-zeitarbeit-ein-auslaufmodell-oder-ein-adaequates

Dustin Lehmann

Standortanalyse Zeitarbeit. Ist Zeitarbeit ein Auslaufmodell oder ein adäquates Mittel zur Arbeitsbeschaffung?

GRIN Verlag

GRIN - Your knowledge has value

Der GRIN Verlag publiziert seit 1998 wissenschaftliche Arbeiten von Studenten, Hochschullehrern und anderen Akademikern als eBook und gedrucktes Buch. Die Verlagswebsite www.grin.com ist die ideale Plattform zur Veröffentlichung von Hausarbeiten, Abschlussarbeiten, wissenschaftlichen Aufsätzen, Dissertationen und Fachbüchern.

Besuchen Sie uns im Internet:

http://www.grin.com/

http://www.facebook.com/grincom

http://www.twitter.com/grin_com

Ruhr Universität Bochum
Fakultät für Sozialwissenschaft
Modul: Arbeit, SoSe 13
Seminar: Arbeitssoziologie

Standortanalyse Zeitarbeit
Ist Zeitarbeit ein Auslaufmodell oder ein adäquates Mittel zur Arbeitsbeschaffung?

Dustin Lehmann

Inhalt

1. Einleitung 3
2. Definition von Leiharbeit 3
3. Entwicklung der Zeitarbeit 4
4. Die Bedeutung von Leiharbeit für Unternehmen 7
    4.1   Vorteile 7
    4.2   Nachteile 8
5. Zeitarbeit aus Arbeitnehmersicht 10
    5.1   Vorteile 10
    5.2   Nachteile 10
6. Fazit 11
7. Literaturverzeichnis 13

1. Einleitung

Es gibt kaum eine Form der Beschäftigungsform, die in den vergangenen 10 Jahren so kontrovers diskutiert wurde wie die Leiharbeit. Wenn man die Relevanz der Zeitarbeit am gesamten Arbeitsmarkt betrachtet, erkennt man nicht direkt, warum dies der Fall ist. Denn der Anteil der Zeitarbeitnehmer am gesamten Arbeitsmarkt ist gering und damit auch nicht Grundlage für die aufkommende Diskussion. Viel mehr sind es die eigentümlichen Beschaffenheiten der Zeitarbeit, die sie immer wieder in den Mittelpunkt arbeitspolitischer Diskussion stellt. Zudem verzeichnet die Branche starke Wachstumsraten, welche sie in Zukunft zu einem größeren Arbeitgeber machen und somit zu größerer Relevanz verhelfen könnte.

Die meisten Ausarbeitungen zum Thema Zeitarbeit behandeln vor allem die negativen Folgen für die Zeitarbeitnehmer und die Ausbeutungsgefahr dieser. Diese Arbeit wird nach einer kurzen Definition von Zeitarbeit und einer Darstellung der Entwicklung der Branche versuchen die Vorteile und Nachteile aus Unternehmersicht, sowie aus Arbeitnehmersicht gegenüberzustellen.

2. Definition von Leiharbeit

Leiharbeit bezeichnet ein Arbeitsverhältnis zwischen drei Parteien. Dabei handelt es sich um einen Verleiher (der Zeitarbeitsfirma) bei dem der Arbeitnehmer (der Leiharbeiter) angestellt ist und einer dritten Firma, welche die Arbeitskraft des Arbeitnehmers in Anspruch nimmt. Dabei stellt die Zeitarbeitsfirma die Arbeitskraft des Arbeitnehmers für andere Firmen zur Verfügung. Somit schließt das arbeitskraftausleihende Unternehmen einen meist befristeten Vertrag mit dem Verleiher (der Zeitarbeitsfirma), der wiederum einen Vertrag mit dem Arbeitnehmer eingeht. Der Arbeitnehmer erbringt seine Arbeitsleistung im Unternehmen, welches seine Arbeitskraft befristet ausgeliehen hat. Der Arbeitnehmer besitzt beim Zeitarbeitsunternehmen seine üblichen Arbeitnehmerrechte. Das arbeitskraftausleihende Unternehmen entlohnt die Zeitarbeitsfirma für die erbrachte Arbeitsleistung des Arbeitnehmers. Die Zeitarbeitsfirma wiederum zahlt nach Abzug der eigenen Kosten den Restbetrag an den Arbeitnehmer aus. Zwischen der Zeitarbeitsfirma und dem arbeitskraftausleihendem Unternehmen besteht ein Arbeitnehmerüberlassungsvertrag, in welchem diese Beschaffenheiten festgehalten sind (Glaubitz, 2009). Arbeiter werden jedoch nicht nur von Zeitarbeitsfirmen verliehen, sondern in kleineren Unternehmen der gleichen Branche auch in sogenannten Arbeitsgemeinschaften. Zudem schufen größere Unternehmen in der Vergangenheit des Öfteren Tochterunternehmen und gliederten Teile der Belegschaft als Leiharbeiter aus (Brenke; Eichhorst, 2008, S.245).

3. Entwicklung der Zeitarbeit

Die Zeitarbeitsbranche ist eine der dynamischsten im Lande. Seit den siebziger Jahren ist die Zeitarbeitnehmerzahl stark angestiegen, was aufgrund stagnierender Zahlen in den achtziger Jahren bei um die 25.000 Zeitarbeitnehmer (siehe Abbildung 1) nicht erwartbar war. Von Mitte der achtziger Jahre bis zum Beginn der neunziger Jahre stiegen die Zahlen dann deutlich bis auf circa 130.000 an. Trotz dem wiedereingliedern der DDR konnten zwischen 1991 und 1993 keine positiven Wachstumsraten mehr verzeichnet werden und die Zahl der Zeitarbeitnehmer ging sogar leicht zurück. Erst ab Mitte der 80er Jahre wuchs die Zeitarbeit in einer ersten Wachstumsphase deutlich an. Diese Phase dauerte bis Anfang der 90er Jahre an. In diesem Zeitraum wuchs die Zahl der überlassenen Arbeitnehmer von 20.000 auf rund 130.000, was einer jährlichen Wachstumsrate von 26 Prozent entsprach. Obwohl Anfang der 90er Jahre die neuen Bundesländer als Markt hinzukamen, geriet das Wachstum der Zeitarbeit ins Stocken. In einer Phase von Mitte 1992 bis Herbst 1994 ging die Zahl der überlassenen Arbeitnehmer sogar zurück – in der Spitze um 14 Prozent. Danach kam es allerdings in einer zweiten, nunmehr gesamtdeutschen Wachstumsphase zu einer sieben Jahre andauernden Expansion, in deren Verlauf sich die Zahl der Zeitarbeitnehmer mehr als verdreifachte. Der jährliche Zuwachs erreichte 16 Prozent. Selbst die Arbeitsmarktkrise 1997 konnte das Wachstum nicht nennenswert beeinträchtigen. Ab September 2001 folgte ein erneuter Rückgang in einer Größenordnung von rund 9 Prozent, der bis in das Rezessionsjahr 2003 hineinreichte. Seitdem beschleunigte sich das Wachstum wieder. In den fünf Jahren Ende 2002 bis Ende 2007 konnte sich die Zahl der Zeitarbeitnehmer mehr als verdoppeln, das jährliche Wachstum erreichte 22 Prozent. Seit 2008 stagniert die Zahl der Zeitarbeitnehmer bei etwa 750.000 (Glaubitz, 2009).

Abb. 1: Entwicklung der Zeitarbeit

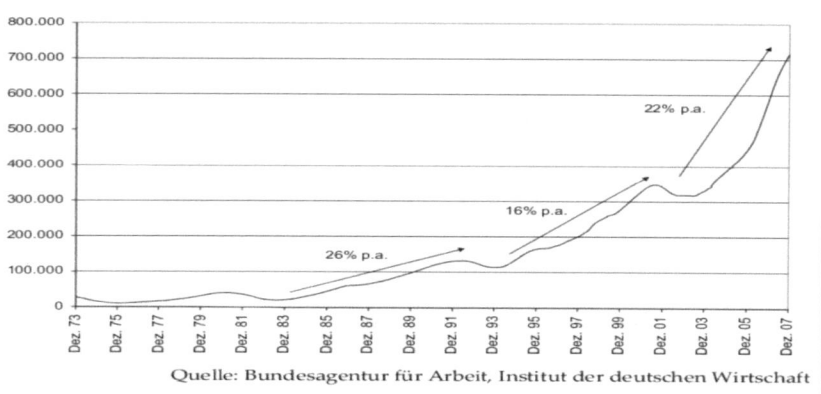

Quelle: Bundesagentur für Arbeit, Institut der deutschen Wirtschaft

Betrachtet man zusätzlich die Werte des IW-Zeitarbeitsindex, bei dem das Institut der deutschen Wirtschaft in Kooperation mit dem Bundesverband Zeitarbeit monatlich rund 1.400 Niederlassungen mit zusammen 165.000 Zeitarbeitnehmern über die Geschäftslage befragt, dann sieht man, dass das Wachstum Mitte deutlich nachlässt. Wenn man die Entwicklung des allgemeinen Arbeitsmarkt mit der Entwicklung der Zeitarbeit vergleicht, stellt man fest, dass das Wachstum der Zeitarbeitnehmeranzahl deutlich nachlässt beziehungsweise zum Erliegen kommt, während der normale Arbeitsmarkt weiter wächst. Jedoch muss man erkennen, dass Zeitarbeit deutlich schneller auf konjunkturelle Entwicklungen reagiert beziehungsweise reagieren kann. Zudem gibt es im normalen Arbeitsmarkt Bereiche, welche nicht von konjunkturellen Entwicklungen betroffen sind, wie zum Beispiel der öffentliche Sektor. Man kann vereinfacht sagen, dass der normale Arbeitsmarkt die Veränderung in der Konjunktur nach circa einem halben Jahr zu spüren bekommt, während der Zeitarbeitsmarkt direkt reagiert. Betrachtet man die konjunkturelle Entwicklung und vergleicht sie mit dem Wachstum des Zeitarbeitsmarkts, dann erkennt man, dass letzterer schneller wächst. Man könnte die Behauptung aufstellen, dass das Wachstum der Zeitarbeit mit der konjunkturellen Entwicklung zusammen hängt. Wächst das BIP um einen Prozentpunkt, dann wächst der Zeitarbeitsmarkt um das 7,7 fache und der normale Arbeitsmarkt um weniger als das einfache. Betrachtet man diese Entwicklung, dann wird deutlich, dass der Anteil der Zeitarbeitnehmer an allen Beschäftigten zunimmt. So stieg er von 0,5 % im Jahre 1992 auf 2,7% im Jahre 2008 (Brenke; Eichhorst, 2008, S. 245).

Abb. 2: Bedeutung von Zeitarbeit nach Tätigkeitsgruppen

Bedeutung von Zeitarbeit nach Tätigkeitsgruppen
In Prozent

	Leiharbeitnehmer		Anteil an allen sozial-versicherungspflichtig Beschäftigten	
	2000	2007	2000	2007
Einfache und Hilfstätigkeiten	49,1	59,1	1,6	4,3
Angestellte mit ausführenden Tätigkeiten	14,3	11,1	0,9	1,4
Facharbeiter, Meister	30,3	22,8	1,6	2,9
Angestellte mit qualifizierten Tätigkeiten	4,1	5,0	0,2	0,6
Angestellte mit höher qualifizierten Tätigkeiten, umfassenden Führungsaufgaben	2,1	1,9	0,3	0,5
Auszubildende	0,0	0,1	0,1	0,3
Insgesamt	100,0	100,0	1,1	2,4

Quelle: Bundesagentur für Arbeit, Berechnungen des DIW Berlin

Sieht man sich die Aufteilung der Zeitarbeitnehmer auf einzelne Branchen an, kommt man zu der Erkenntnis, dass mehr als die Hälfte der Zeitarbeitnehmer einfache Arbeiten verrichtet, zu welcher keine Ausbildung benötigt wird. Zudem wird ersichtlich, dass die Frauenquote sehr gering ist (etwa 25%), was man darauf zurückführen könnte, dass die Tätigkeitsfelder der Zeitarbeiter vornehmlich in Berufen zu finden sind, welche allgemein als Männerberufe gelten (Brenke; Eichhorst, 2008, S. 248).

Warum aber hat die Zeitarbeit eine solche große Wachstumsrate zu verzeichnen? Hier könnte man auf die Deregulierungsschritte der Vergangenheit verweisen (Brenke; Eichhorst 2006; Bellmann; Kühl, 2007). Dabei sollte man jedoch vorsichtig sein, weil man diesen Zusammenhang kaum verlässlich verifizieren kann. Dagegen spricht jedoch, dass es keine erwähnenswerten Effekte auf die Beschäftigung, begünstigt durch die Hartz Reformen gab, wie Fertig und Kluve (2006) in ihren Ausführungen erkennen lassen. Viel bedeutender scheint der Unterschied im Lohn der Zeitarbeitnehmer im Vergleich zu den vertraglich festgelegten Tariflöhnen zu sein (vgl. Burda; Kvasnicka, 2005).

4. Die Bedeutung von Leiharbeit für Unternehmen

Für Unternehmen gibt es viele Gründe, die für den Einsatz von Leiharbeitskräften sprechen, welche meist mit Kostenersparnissen zusammenhängen. Jedoch ergeben sich mit dem Einsatz von Leiharbeitskräften auch einige Probleme. Einige davon werden im Folgenden aufgelistet.

4.1 Vorteile

Unternehmen nutzen Zeitarbeiter vor allem, wenn sie flexibel sein wollen (Burgess; Connell, 2006). Durch Zeitarbeiter kann man die Arbeitnehmeranzahl flexibel gestalten und muss keine festen Arbeitsplätz schaffen. Dies macht vor allem in Zeiten Sinn, in dem die konjunkturelle Lage als nicht sicher gilt und es durch plötzliche Konjunkturanstiege oder Einbrüche nötig ist schnell und flexibel reagieren zu können (Schäfer, 2007).

Zudem können Kosten, die bei der Personalsichtung entstehen eingespart werden (Keller; Seifert, 2007, S. 15; Glaubitz, 2009).

Gleichfalls kann durch ein solches Vorgehen das Risiko, welches zum Beispiel durch Krankheitszeiten auftritt, an die Zeitarbeitsfirma weitergegeben werden (Holst, 2009, S. 143ff.).

Zusammenfassend kann man folgende direkte Kostenvorteile für Unternehmen, die sich durch das in Anspruchnehmen von Zeitarbeitern ergeben auflisten:

- keine Werbekosten, welche zum Beispiel durch Inserate anfallen
- kaum Kosten, die durch die Auswahl der Mitarbeiter anfallen
- unkomplizierte Fristen (keine Kündigungsfrist usw.)
- keine Kosten durch Administrationsaufgaben (Arbeitsvertrag etc.)

Aber auch bei den Kosten, die nicht auf den ersten Blick ersichtlich sind (indirekte Kosten), ergeben sich diverse Einsparpotenziale, welche durch Zeitarbeit realisiert werden können. Dabei sind vor allem die folgenden zu nennen:

- dynamische Arbeiterzahl, sodass diese je nach Auftragslage schnell angepasst werden kann
- eine Fortzahlung bei zum Beispiel krankheitsbedingten Ausfällen (Fehlzeitenrisikominimierend)
- keine Administration in Form von Gehaltsabrechnungen oder Ähnlichem

Auch bei einer Personalkürzung ist es durchaus von Vorteil einen Zeitarbeiter zu entlassen, anstelle von einem Festangestellten. Dafür spricht dass

- Ein Austausch von Arbeitskräften zeitnah machbar ist
- Keine Kündigungsfristen
- Weniger Schäden für das Image des Betriebs
- Keine mit Kosten verbundene Administration in Form von Arbeitszeugnissen oder Ähnlichem

4.2 Nachteile

Bei all den Vorteilen, welche im letzten Kapitel aufgezeigt wurden und bei denen es sich hauptsächlich um das Ausschöpfen von Sparpotenzialen handelte, gibt es aber auch viele Gründe, die gegen die Zeitarbeit in Betrieben sprechen können. Diese sind aber in abgeschwächter Form oftmals auch bei befristeten Beschäftigten wiederzufinden. Wie bei einer normalen Rekrutierungsmaßnahme auch, besteht auch bei Zeitarbeitsfirmen die Gefahr, dass diese nicht die geeignete Person für das Unternehmen findet. Dieses Risiko kann jedoch vermindert werden, da Unternehmen die Möglichkeit haben mit mehreren Zeitarbeitsfirmen, die sich oftmals auf bestimmte Branchen spezialisiert haben zusammen, zu arbeiten. Generell ist festzuhalten, dass bei einer dringlichen Suche nach einer bestimmten Arbeitskraft und dem damit einhergehenden Zeitmangel auch die Gefahr größer wird, dass die beauftragte Zeitarbeitsfirma einen nicht vollständig passenden Kandidaten auswählt beziehungsweise aufgrund von Ressourcenknappheit ihrerseits eine Kompromisslösung wählt.

Da ein Zeitarbeitnehmer eine gewisse Zeit in einem Unternehmen bleibt, gelangt er an betriebsinternes Wissen, welches in manchen Bereichen Dinge umfasst, welche das Unternehmen nicht preisgeben will. Dagegen versucht man sich heutzutage natürlich vertraglich abzusichern. Aber zum Beispiel die gut datierten Lockangebote, wie sie in der jüngsten Vergangenheit oftmals in der IT-Branche beobachtet werden konnten, zeigen deutlich, dass sich Unternehmen kaum davor schützen können betriebsinterne Informationen durch Personalfluktuation preiszugeben. Dies könnte natürlich ein Grund sein Zeitarbeiter von bestimmten firmeninternen Lösungen fernzuhalten, sofern dies überhaupt möglich ist. Jedoch ergeben sich die gleichen Risiken bei befristet Beschäftigten.

Durch die Begleiterscheinungen von Leiharbeit wie Lohndifferenzen kann es zu Spannungen zwischen Leiharbeitern und Festangestellten kommen. Zudem könnten Festangestellte um ihren Job bangen, da sie sehen, dass ihre Tätigkeit auch von den vermeintlich günstigeren Leiharbeitern ausgeführt werden kann. Dies kann dazu führen, dass weniger Teamarbeit mit gegenseitiger Unterstützung stattfindet, was letztendlich die Produktivität verringert. Werden Leiharbeiter vorrangig flexibel und nur zu einfachen Tätigkeiten eingesetzt, laufen diese Gefahr als Randbelegschaft gesehen zu werden. Bei gleichen Aufgabenbereichen könnte die normale Belegschaft die Leiharbeit jedoch als Konkurrenten um den eigenen Arbeitsplatz sehen, was sich auf die Teamarbeit auswirken könnte. Betriebsräte versuchten in der Vergangenheit des Öfteren diese Differenzen auszumerzen, jedoch wird dies durch die beschriebenen Umstände erschwert (Holst, 2009, S.146f.).

Leiharbeiter werden sowohl bei innerbetrieblichen Weiterbildungen sowie bei sonstigen innerbetrieblichen Aktionen außen vor gelassen. Das liegt vor allem daran, dass Leiharbeiter vornehmlich Tätigkeiten ausführen für welche aus zuvor bereits erwähnten Gründen kaum Wissen benötigt wird, welches betriebsabhängig ist. Hinzu kommt, dass Zeitarbeit zeitlich befristet ist und es so meist kein Sinn ergibt die oftmals kostspieligen Weiterbildungsmaßnahmen auch für Leiharbeiter anzubieten (Holst, 2009, S. 146).

Zwar dürfen Zeitarbeiter bei Betriebsratswahlen mit abstimmen, sie werden jedoch bei der Berechnung von Freistellungen nicht einberechnet. Zudem sind Leiharbeiter in Betriebsräten meist nicht vertreten (Holst, 2009, S. 143). Aufgrund dieser Ausgrenzungen findet eine Identifikation der Zeitarbeitnehmer mit dem Unternehmen, welches deren Dienste in Anspruch nimmt, kaum statt. Daraus resultieren nicht selten verringerte Motivationsgrundlagen und eine schlechtere Arbeitsauffassung (vgl. Keller / Seifert, 2007, S.17).

5. Zeitarbeit aus Arbeitnehmersicht

Für Arbeitnehmer stellt die Zeitarbeit in einigen Fällen eine Chance da, jedoch ergeben sich für die Betroffenen auch einige Nachteile beziehungsweise Risiken, welche solche Anstellungsverhältnisse kennzeichnen. Im Folgenden werden einige von diesen näher beschrieben.

5.1 Vorteile

Als bedeutender Faktor des wirtschaftlichen Wachstums kann die Flexibilisierung der Arbeitnehmer der Betriebe angesehen werden, welche dazu beiträgt strukturelle Wandlungen aufzufangen und dabei Beschäftigung aufbaut (Keller; Seifert, 2007, S. 15).

Dies bestätigt sich durch die Schaffung von neuen Arbeitsplätzen in der Zeitarbeitsbranche, da zurzeit circa 50% der sozialversicherungspflichtigen Beschäftigungen bei einer Zeitarbeitsfirma entstehen (Vgl. Glaubitz, 2009).

Dabei verzeichnet Zeitarbeit in allen Tätigkeitsfeldern Zugewinne, welche bei einfachen Tätigkeiten jedoch viel höher sind als bei allen anderen Tätigkeiten. Dies unterstreicht noch einmal die Bedeutung von Zeitarbeit bei einfachen Tätigkeiten (Brenke; Eichhorst, 2008, S. 248). Die sogenannten Klebeeffekte sind aber gering. So werden laut einer Studie der Bertelsmann Stiftung von den eingesetzten Zeitarbeitnehmern lediglich 12% in den jeweiligen Betrieben weiter beschäftigt (vgl. Baumgarten; Kvasnicka, 2012, S.4).

5.2 Nachteile

Ein häufig angeführter Negativpunkt für die Leiharbeiter ist deren Arbeitsplatzsicherheit, denn Leiharbeiter sind meist die ersten, die von Kündigungen betroffen sind, da Unternehmen diese wie beschrieben als Flexibilisierung der Belegschaftsquantität sehen. Begünstigt wird dies durch die vereinfachten Kündigungsmodalitäten bei Zeitarbeitnehmern. Zusätzlich zu dem Phänomen der frühen Kündigung bei schlechter Auftragslage kommt, dass die Beschäftigungsdauer von Zeitarbeitnehmern in einem Betrieb meist nicht länger als drei Monate dauert (vgl. Brenke; Eichhorst, 2008, S. 243).

Aber nicht nur die Sicherheit des Arbeitsplatzes ist bei Zeitarbeitnehmern geringer als die der Normalbeschäftigten. Auch deren Lohn ist meist deutlich niedriger als der Lohn der

Festangestellten. Zu dem geringeren Stundenlohn, den die Entleiher an Zeitarbeitnehmer zahlen, kommen noch die Anteile, die das verleihende Unternehmen für sich einbehält (Koch, 2010). Der Verdienst der Leiharbeiter liegt im Schnitt circa 40% niedriger als der der Festangestellten, was eine Studie des Arbeitsministeriums in Nordrhein-Westfalen ergab (vgl. Glaubitz, 2009).Diese Angaben verdeutlichen, dass Zeitarbeitnehmer besonders stark von Prekarität betroffen sind (Keller; Seifert, 2007, S. 20f). Aber nicht nur die Leiharbeiter selbst sind direkt betroffen. Es ergeben sich auch externe Effekte für die normale Belegschaft in den Unternehmen, da sich der Einsatz von Leiharbeitern auch negativ auf deren Löhne auswirken kann und diese beeinflusst. Zudem können Leiharbeiter Normalbeschäftigte verdrängen, was besonders am Beispiel von Schlecker deutlich wird, bei dem die normale Belegschaft gekündigt und ihr danach ein Angebot über eine Weiterbeschäftigung über eine Zeitarbeitsfirma zu geringeren Bezügen angeboten wurde (Vgl. Koch, 2010).

6. Fazit

Das Wachstum der Zeitarbeitsbranche ist größer als der des normalen Arbeitsmarktes. Dadurch wird die Zeitarbeit, sollte sich dies nicht ändern, in Zukunft einen größeren Teil des gesamten Arbeitsmarktes ausmachen. Bis heute ist der Anteil am gesamten Arbeitsmarkt eher gering und die mediale Aufmerksamkeit ist durch die eigentümliche Beschaffenheit der Zeitarbeit entstanden.

Für Arbeitgeber kann es in vielen Fällen durchaus Sinn machen verstärkt auf Zeitarbeitnehmer zu setzen, da sie dadurch zum einen kostengünstiger, aber vor allem flexibler ihre Belegschaft verändern können. In vielen Fällen kann ein Zurückgreifen auf Zeitarbeitnehmer aber auch negative Folgen haben, beziehungsweise nicht den erwünschten Erfolg bringen. Hier muss der Arbeitgeber genau abwägen, wann es Sinn machen kann auf Zeitarbeit zu setzen.

Für Arbeitnehmer stellt Zeitarbeit eine Beschäftigungsform mit erhöhten Prekariatsrisiko dar. In vielen Fällen ist die Bezahlung schlecht und die Beschäftigungsdauer kurz und befristet. Zudem sind die Klebeeffekte als gering einzustufen. Auf der anderen Seite verhilft die Zeitarbeitsbranche vielen Arbeitsuchenden zu neuen Einstellungsverhältnissen.

Insgesamt ist die Zeitarbeit durch ihre Beschaffenheit gerade in Zeiten von stärkeren wirtschaftlichen Schwankungen ein gutes Mittel um Personalpuffer aufzubauen, welche sich in Rezensionsphasen leicht wieder zurück fahren lassen. In Aufschwungphasen können so Ressourcen genutzt und Produktionspotenziale erschöpft werden, die ansonsten vielleicht genutzt werden würden. Jedoch muss man sich die Frage stellen, ob die Löhne der Zeitarbeiter nicht stärker an die sonst in den einzelnen Bereichen gezahlten Löhne angepasst werden sollten, um eine Verschiebung von normalen Arbeitsverhältnissen hin zu immer mehr Zeitarbeitnehmerverhältnissen zuvor zu kommen.

7. Literaturverzeichnis

BAUMGARTEN D.; KVASNICKA M. (2012): „Durchlässiger Arbeitsmarkt durch Zeitarbeit?", Studie der Bertelsmann Stiftung, Gütersloh
Im Internet unter http://www.bertelsmann-stiftung.de/cps/rde/xbcr/SID-0932DF05-03CDAEB5/bst/xcms_bst_dms_36799_36800_2.pdf,
Recherchedatum: 22.05.2013

BELLMANN, L.; KÜHL, A. (2007): „Weitere Expansion der Leiharbeit? Eine Bestandsaufnahme auf Basis des IAB-Betriebspanels", Studie an der Hans-Böckler-Stiftung, Berlin.

BRENKE, K.; EICHHORST, W. (2008): „Leiharbeit breitet sich rasant aus", in: Wochenbericht des DIW Berlin, Heft 19, S. 242 – 252.

BURDA, M.C.; KVASNICKA, M. (2005): „Zeitarbeit in Deutschland: Trends und Perspektiven." Humboldt-Universität zu Berlin, SFB 649 Discussion Paper 2005-048. Berlin.
Im Internet unter http://edoc.hu-berlin.de/series/sfb-649-papers/2005-48/PDF/48.pdf,
Recherchedatum: 10.04.2013

BURGESS, J.; CONNELL, J. (2006): „Temporaryworkand human resourcesmanagement: issues, challengesandresponses. Personnel Review", Heft 2/2006, S. 129-140.

FERTIG, M.; KLUVE, J. (2006). „Alternative Beschäftigungsformen in Deutschland: Effekte der Neuregelung von Zeitarbeit, Minijobs und Midijobs." Vierteljahreshefte zur Wirtschaftsforschung, Heft 3/2006, S. 97-117.

GLAUBITZ, J. (2009): „Leiharbeit", im Internet unterhttps://www.verdi-bub.de/service/standpunkte/archiv/leiharbeit/
Recherchedatum: 12.04.2013

HOLST, H. (2009): „Disziplinierung durch Leiharbeit? Neue Nutzungsstrategien und ihre arbeitspolitischen Folgen", in: WSI Mitteilungen, Heft 3, S. 143 – 149.

KELLER, B.; SEIFERT, H. (2007): „Atypische Beschäftigungsverhältnisse. Flexibilität, soziale Sicherheit und Prekarität" In:

KELLER, Bernd / Seifert, Hartmut (Hrsg.): Atypische Beschäftigung – Flexibilisierung und soziale Risiken, Berlin, S. 11 – 25.

SCHÄFER, H. (2007): „Warum die Zeitarbeit boomt". Thema Wirtschaft Nr. 108 des Instituts der deutschen Wirtschaft,DEUTSCHER INSTITUTS-VERLAG, Köln.

BEI GRIN MACHT SICH IHR WISSEN BEZAHLT

- Wir veröffentlichen Ihre Hausarbeit, Bachelor- und Masterarbeit

- Ihr eigenes eBook und Buch - weltweit in allen wichtigen Shops

- Verdienen Sie an jedem Verkauf

Jetzt bei www.GRIN.com hochladen und kostenlos publizieren